AF303582

"Gutten Abend" waren die ersten Worte, die zwei sowjetische Soldaten beim Einmarsch in Knoblauch, einem kleinen Dorf in der Umgebung von Berlin, an die verängstigte Bevölkerung richteten. Es waren diese Worte, die den durch Propaganda und Berichterstattung der schrecklichen Kriegsereignisse eingeschüchterten Leuten die aufgestaute Angst nahmen.

Persönliche Erlebnisse während der Zeit zwischen Kriegsende und der unmittelbaren Nachkriegszeit in und um Berlin eines Jungen und seiner Mutter, die zuvor aus Westpreussen geflüchtet waren und die die schweren Bombenangriffe in der letzten Phase des zweiten Weltkrieges erlebt hatten, zeigen ein teilweise anderes Bild als das, was bisher immer als historische Tatsachen dargestellt wurde.

Herstellung und Verlag: BoD – Books on Demand, Norderstedt
ISBN: 9783754321546

Auch das war Einmarsch

der Russen in Deutschland

Erinnerungen

von

Lothar Hans Schreiber

Soweit der Text

auf WIKIPEDIA hinweist,

ist unter dem

Hauptschlagwort eine nähere
Erklärung zu finden.

Meine Mutter und ich, wir waren wegen der sich steigernden Bombenangriffe auf Berlin nach Westpreußen südlich von Danzig gegangen, wo die Eltern meiner Mutter lebten und meine Mutter als Lehrerin tätig war. In den ersten Tagen des Januar 1945 mussten wir flüchten. Genau gesehen waren Soldaten der Wehrmacht in die Schule meiner Mutter im Kreise Briesen einquartiert worden, die kurz darauf wieder weiter mussten und meine Mutter und mich mitnahmen. Meine Mutter hielt die Gefahr noch nicht für so groß, aber die Soldaten redeten solange, bis wir mit dem Tross mitgefahren sind. Wir wurden bis Graudenz gebracht und dort in einen Zug voller Flüchtlinge gesetzt, wobei wir noch Glück hatten und nur drei Tage bis Küstrin an der Oder brauchten. Dort hielten wir uns zwei Tage bei meiner Großmutter väterlicherseits auf, um danach ins nahegelegene Sonnenburg zu gehen, wo meine Eltern ein Haus besaßen, das sie vermietet hatten. Ein Zimmer machte uns unser Mieter frei. Doch wurden wir nach etwa drei weiteren Tagen in der Frühe von der Tochter unseres Mieters mit dem Hinweis geweckt, dass die Russen im Anmarsch seien und der letzte Zug von Sonnenburg nach Küstrin in einer Stunde fahren würde.

So schnell wir konnten, zogen wir uns an und eilten zum Bahnhof. Wir schafften es mit dem letzten Zug nach Küstrin Altstadt zu gelangen. Bei meiner Großmutter, Mutter meines Vaters, angekommen, empfing uns meine Tante mit den Worten: „Wenn ihr noch nach Berlin wollt, dann müsst ihr euch beeilen, denn der letzte Zug geht in zwei Stunden." Wir wollten nach Berlin, denn dort hatten wir noch unsere Wohnung. Ganz kurz vor Kriegsende wurde sie zwischenbelegt. In Berlin angekommen suchten wir erst unsere Tante Paula in der Nähe des Friedrichhains auf, weil ganz in dessen Nähe ein Hochbunker war. Die erste Nacht, die wir wieder in Berlin bleiben wollten, sollte in der Nähe des schutzbietenden Großbunkers sein. Es kam auch prompt Fliegeralarm. Im dortigen Bunker fühlten wir uns sicher. Aber am nächsten Tag wollten wir in unsere Wohnung in der Gitschiner Straße. Bevor wir diese aufsuchten, gingen wir noch kurz in das

Kellergeschäft von Fräulein Neumann, um einige Lebensmittel einzukaufen, als Fliegeralarm kam. Es war der 3. Februar 1945. Wir liefen in den öffentlichen Schutzraum des Patentamtes, einem sehr langgezogenen mit Beton verstärkten schmalen Gang, in der Gitschiner Straße. Es war der erste ganz große Angriff auf Berlin mit sehr starken Zerstörungen von ungefähr 80 % der Innenstadt und vielen Toten. Nach Schätzung der Amerikaner gab es etwa 22000 bis 25000 Getötete (Plötz, Auszug aus der Geschichte 1986, Seite 909). Was wir dort erlebt hatten, habe ich in der Zeitung „Die Welt" vom 3. Februar 2000 geschildert. Von der Redaktion war missverständlich gebracht worden, dass die Räume ebenerdig und rund 200 Meter tief waren.

Die Tiefe war nicht senkrecht sondern waagerecht gemeint. Nachdem der Luftangriff zu Ende war, das Patentamt teilweise getroffen war, wir aber lebend aus dem Schutzraum heraus kamen, war es unmöglich, die Gitschiner Straße in Richtung Osten entlang zu gehen, weil von rechts die Flammen herüber zischten und eine

Sperrwand bildeten. Es herrschte ein sehr starker Feuersturm.

Wie ich schon seinerzeit geschildert hatte, stolperten wir nahezu kopflos vor Angst, weil wir einen erneuten Luftangriff fürchteten, denn der Luftschutzwart hatte beim Verlassen der Schutzräume darauf hingewiesen, dass mit einem weiteren sofortigen Bombardement zu rechnen sei. Wir stolperten also auf die andere Seite des Landwehrkanals. Bei meiner Mutter war Panik ausgebrochen. Sie wollte nur weg. Wir liefen die Blücherstraße bis zum heutigen

Südstern entlang und wurden in der Hasenheide von einem Lastwagen aufgegriffen, der uns zum nächsten funktionsfähigen S-Bahnhof brachte. Auf der südlichen Seite des Landwehrkanals waren die Schäden weitaus geringer. Wir fuhren mit der S-Bahn bis Königs Wusterhausen, süd-ostlich von Berlin. Dort wurden wir mit vielen anderen Menschen im großen Sendesaal des Deutschlandsenders untergebracht. Meine Mutter wollte unbedingt westlich von Berlin auf dem Land unterkommen.

So fuhren wir weiter nach Nauen,
etwa 40 km von Berlin entfernt,
denn wir waren noch immer
offiziell Flüchtlinge aus
Westpreußen, und wurden von dort
nach Etzin, einem Dorf geschickt,
und dann nach Knoblauch in ein
anderes Dorf weitergeleitet.
Knoblauch lag in der Nähe von
Ketzin an der Havel, einem kleinen
Städtchen in der Mark Brandenburg.

Gemäß WIKIPEDIA war
Knoblauch ein über 800 Jahre altes
Dorf, das 1968/69 wegen der
Errichtung eines Erdgasspeichers
aufgegeben wurde. Es ist völlig

verschwunden. Nur für uns ist Knoblauch ein Ort voller Erinnerungen, auch wenn es nicht mehr existiert.

Wir kamen bei der Familie K. unter, einer Bauernfamilie ohne männlichen Bauern (aus Gründen des Datenschutzes kann der Name nicht genannt werden, ist jedoch im Buch "Ketzin 1945", ERS-Verlag 1996, enthalten). Sie bestand aus zwei Schwestern, der alten leidenden Mutter, einem Enkelsohn, dem Schwiegersohn und einem polnischen Kriegsgefangenen Ludwig, der soweit ein Mann notwendig war, den Betrieb meisterte. Ludwig verschwand mit dem Einmarsch der sowjetischen Truppen sofort. Dass unsere Wohnung in Berlin zu einem Haus gehörte, das zusammen mit 8 weiteren Häusern in der Gitschiner Straße stehen geblieben war, hörten wir erst viel später. In Knoblauch blieben wir jedenfalls bis nach dem Einmarsch der Sowjetarmee. Diese und die folgende Zeit zu schildern, ist eigentlich meine Absicht.

In Knoblauch war nur ein alter Lehrer tätig. Als er hörte, dass meine Mutter, Frieda Schreiber, bis

Dezember 1944 in Westpreußen als Lehrerin gearbeitet hatte, überredete er sie, sich in Nauen wieder um die Einstellung als Lehrkraft zu bemühen und in Knoblauch zu unterrichten. Es gelang auch. Der Ortsvorsteher und einige Großbauern waren mit Pferdefuhrwerken in den letzten Tagen Richtung Westen geflüchtet. Die Front hatte sich langsam Berlin genähert und die Propaganda ließ keine Gelegenheit aus, von den Greueltaten der Russen im Osten des Landes zu berichten. Wir erwarteten den "Weltuntergang".

Der Lehrer wurde zum Volkssturm einberufen. Es war nur noch eine Reihe von Bewohnern in Knoblauch anwesend. Irgendwie hatte es sich ergeben, dass meine Mutter als einzige offizielle Persönlichkeit die Leitung des Dorfes kurz übernahm, ganz unbürokratisch und informell. Das ergibt sich auch aus " Ketzin 1945" , Seite 48, von Bergemann und Damaschke.

Man muss bedenken, dass für uns alle in Knoblauch die Angst unser ständiger Begleiter war. Jeden Tag flogen die Flugzeuge der Alliierten mit ihrer Bombenlast über uns nach Berlin. Wenn sie zurückflogen, ließen sie meistens noch eine oder mehrere Bomben auf das ländliche Gebiet, in dem wir jetzt wohnten, fallen. Der Luftangriff auf Dresden und seine große Zahl von Toten, die allein wegen der nicht bekannten Anzahl von durchziehenden Ostflüchtlingen, die keinen Schutz fanden, keinesfalls genau beziffert werden konnte, auch später nicht. Auch dieser Angriff wurde bei uns bekannt. Er steigerte unsere Ängste, unsere Sorgen und führte fast zu panischen Reaktionen. Hinzu kamen die täglichen

Rundfunksendungen über unmenschliche Handlungen der Sowjetsoldaten an uns Deutschen, besonders an Frauen.

Der Luftangriff auf Potsdam vom Spätabend des 14. April 1945, bei dem wir in Knoblauch noch den schaurig schönerhellten Himmel über Potsdam sahen und die Türen in ihren Schlössern wegen des Luftdrucks noch klappern hörten - das Geräusch der explodierenden Bomben war in Knoblauch nicht mehr so laut - aber alles zusammen steigerte unsere Furcht, zumal die

Anzahl von etwa 1600 Toten recht schnell bekannt wurde.

 Es war nach WIKIPEDIA wohl der 21.April 1945. Meine Mutter, ich und noch einige wenige ältere Leute standen auf dem Dorfplatz wegen all dieser Ereignisse wieder und wieder von Angst und Sorgen gequält. Meine Mutter wollte eine weiße Fahne an dem Kirchturm aufhängen lassen, als zwei junge etwa 16-jährige Mädchen laut schreiend angerannt kamen. Sie schrien oder besser sie brüllten: „Sie kommen, sie kommen", auf eine Frage von uns, wer denn komme, antworteten sie: „Na die Russen, die Russen!" und tatsächlich kamen zwei Sowjetsoldaten auf Fahrrädern langsam angefahren, in jeder Hand eine Pistole. Hinter ihnen marschierte eine lange Kolonne russischer Soldaten, die Gewehre beziehungsweise ihre typischen russischen Maschinenpistolen mit dem charakteristischen Trommelmagazin umgehängt. Es waren vielleicht 150 Soldaten.

Wir hielten den Atem an mit der bangen Frage im Herzen, was wird nun, als die Radfahrer anhielten , auf uns zukamen und sagten: „Gutten Abend, gutten Abend, woyna kaputt, Gittler tott " (Krieg kaputt, Hitler tot). Beide sowjetischen Soldaten sprachen mehr als ein paar Brocken Deutsch und sagten außerdem, wir brauchten keine Angst zu haben. Das hatten wir nicht erwartet, machte uns nahezu sprachlos. Jedoch wirkte es sehr beruhigend und löste langsam unsere ängstlche Verkrampfung auf, zumal bis dahin der deutsche Rundfunksender immer die russischen Grausamkeiten hervorgehoben hatte.

Die Kolonne mit Soldaten hielt auch an und musterte uns mit finsterer Miene. Da wir auf dem Dorfplatz standen, an dem uns gegenüber das Lebensmittelgeschäft des Kaufmanns E. K...w (Name wegen Datenschutzes nicht genannt) auch Tabakwaren und Alkoholika anbietend sich befand, sahen wir, dass einige russische Soldaten aus den letzten Reihen mit den Gewehrkolben oder etwas ähnlichem die Tür einschlugen und vor allen Dingen Tabak und Schnaps herausholten. Es folgten einige deutsche Dorfbewohner, die sich ebenfalls jetzt zeigten. Sie gingen auch in den Laden. Zu uns war noch ein Onkel meiner Mutter, ein alter Mann aus Berlin gestoßen, der vor den Endkämpfen in Berlin Angst gehabt hatte. Dieser Onkel ging ebenfalls an den Geschäftseingang, aber nicht in das Geschäft selbst hinein. Er sagte jedoch zu einem Sowjetsoldaten, der mit einem Arm voll Tabakpäckchen herauskam: „Gib mir auch Tabak, brad". Der Russe erwiderte „Nix brad", aber gab ihm ein kleines Paket Tabak. Es ist vielleicht interessant zu wissen, dass trotz allen Siegesgeschreis in den letzten Monaten vor Kriegsende kleine russische Sprachlehren und Sprachführer verkauft worden waren, sodass das Wort brad, nämlich Bruder, durchaus bekannt war. Das alles war eine Situation, die wir uns nicht vorgestellt hatten.

Das Lebensmittelgeschäft wurde jedenfalls von Sowjetsoldaten aus den letzten Reihen der Kolonne aufgebrochen und nicht, wie es in dem Bericht von WIKIPEDIA über das Dorf Knoblauch heißt, von Deutschen. Ich stand nämlich dicht daneben und beobachtete alles. Verschiedene Deutsche gingen erst hinter den Russen in das Geschäft hinein und bedienten sich.

Nach einiger Zeit, als nach unserer Meinung alles relativ ruhig blieb, gingen wir ziemlich entspannt schlafen. Am nächsten Tag war die große Menge Soldaten weg; es waren augenscheinlich nur einige anwesend geblieben. Es sollen etwa zwei bis drei junge Frauen in der Nacht vergewaltigt worden seien, so hieß es später. Die Fremdarbeiterinnen und Fremdarbeiter verließen am nächsten Tag die Bauern in Knoblauch, bei denen sie hatten arbeiten müssen und nahmen einiges an Kleidungsstücken und auch Wertsachen mit. Mir ist auch in Erinnerung, dass man zwei Pkws mitnehmen wollte. Einer war ein Mercedes, der nicht gestartet werden konnte und der andere ein DKW, der nicht funktionierte. Der DKW war mitten im Dorf stehen geblieben. Wir Kinder und Jugendliche vergnügten uns damit, indem wir den Pkw einen ganz kleinen Hügel hinaufschoben, dann hineinsprangen und diesen kleinen Hügel hinabfuhren. Es war alles friedlich. In den nächsten Tagen wurden beide Pkws ausgeschlachtet. Dann jedoch wurden in Knoblauch Männer und Frauen sowie Jugendliche ab 14 Jahren vom russischen Militär aufgefordert, sich mit Spaten und Schaufeln im Dorf einzufinden, um ein Flugfeld, also einen Flugplatz südlich vom Dorf provisorisch herzustellen. Auch meine Mutter musste daran teilnehmen. Alle arbeiteten, soweit ich mich erinnere, an 2 bis 3 Tagen ohne besondere Vorkommnisse. Bald war der Flugplatz gemäß den Vorstellungen der sowjetischen Soldaten errichtet. Es landeten auch ein paar Mal Doppeldecker, wohl vom Typ U - 2. Damit war jedoch auch recht schnell wieder Schluss.

Die Zeit ging weiter, wir hatten wie ich meine in den folgenden Tagen nur noch zwei Sowjetsoldaten als Besatzung, jedenfalls schien es mir so. Brot konnten wir wieder beim Dorfbäcker kaufen. Es war wohl am 4. Mai 1945, nach Henrik Schulze, "19 Tage Krieg", 2011, Seite 337, war es der 2. Mai, als deutsche Soldaten von Berlin kommend sich nach Westen durchschlagen wollten. Aus meiner damaligen Sicht waren sie es, die wieder mit Kriegshandlungen begannen und in das Dorf hineinschossen. Knoblauch war bei diesen Kämpfen nicht so stark beschädigt worden im Gegensatz zu Etzin, dem Nachbardorf, das erhebliche Schäden aufwies. Der Stall des Bauerngehöftes K., in dem wir wohnten, wurde durch eine Granate getroffen. Die Bauersleute und wir befanden uns in einem Keller in der Scheune. Der Schwiegersohn der Eigentümerin namens M. stand gerade auf der Tenne der Scheune, als die Granate in den Stall einschlug und ihn durch Splitter verletzte. Dieser ist mehrere Wochen später an den Wunden gestorben. Er war wohl der einzige Zivilist, der an den Folgen dieses Kampfes hier ums Leben kam. Knoblauch war wieder von deutschem Militär eingenommen worden. Als es plötzlich hieß, dass der Kampf nach 18 Uhr verstärkt wieder aufgenommen werden würde, wenn sich die deutschen Truppen nicht ergeben würden. Meine Mutter und ich waren so entsetzt, dass wir beschlossen das Dorf Knoblauch so schnell wie möglich zu verlassen und der russischen Front entgegen zu gehen. Die Tatsache, dass zwei

Halbwüchsige in ihrer Freude, dass wir wegen der erneuten Anwesenheit von deutschen Wehrmachtssoldaten wieder deutsch wären und meine Mutter bedrohten, weil sie beabsichtigt hatte, die weiße Fahne hissen zu lassen, bestärkte uns in diesem Entschluss.

Wir gingen und stolperten zusammen mit unserem alten Onkel in Richtung Paretz, einer Nachbargemeinde, dabei überquerten wir ein Gelände, in dem sowjetische Soldaten kampfgerecht sich verteilt hatten.

Es gab wohl einige Verletzte und Tote in diesem Gebiet. Genau haben wir niemand gesehen, denn wir eilten weiter, wir hatten große Angst. Die sowjetischen Soldaten wiesen uns mit Gesten in Richtung Paretz und zeigten auf das Gebiet hinter sich. Einer der russischen Soldaten sagte „Woyna, woyna" (Krieg, Krieg) und war in der Lage darauf hinzuweisen, dass etwa um sechs Uhr (18 Uhr) der Kampf sicher wieder beginnen würde und wir möglichst schnell verschwinden sollten.

Wir erreichten Paretz und mussten an zwei gefallenen Sowjetsoldaten vorbeigehen, um in das Dorf zu gelangen. Es war niemand auf der Straße. Als wir plötzlich von einem älteren Mann aus einem recht repräsentativen Haus angesprochen und gefragt wurden, wo wir hin wollten. Weil wir es nicht wussten, lud er uns in sein Haus ein und wir konnten in seinem ziemlich großen Keller bei seiner Familie Platz nehmen und übernachten. Warum er uns einlud, ist uns nicht klar geworden. Als am nächsten Tag die Schlacht noch immer nicht begonnen hatte, verließen wir das

Haus wieder und gingen nach Knoblauch zurück. Wir nahmen an, dass es keine Schlacht mehr geben würde, womit wir richtig lagen. Die beiden toten Russen waren weg, auch hatte sich das Schlachtfeld aufgelöst. Es lagen noch verschiedene Waffen rum. Etwa zweimal wurden wir von sowjetischen Soldaten und je einem Zivilisten nach unseren Dokumenten gefragt; ob sie diese lesen konnten, haben wir nicht feststellen können, durften aber in Richtung Knoblauch weitergehen, jetzt aber mit weniger Angst. Tote oder Verletzte sahen wir nicht.

Entsprechende Behauptungen bei H. Schulze, Seite 359, könnten wir was den Rückweg anbetrifft, keinesfalls bestätigen. Die russischen Soldaten in Kampfstellung waren weg. Die Windmühle in Knoblauch war in Brand geschossen worden. Diese Mühle war insofern charakteristisch, als sie meiner Erinnerung nach nur 2 Flügel hatte.

Bei unseren Bauersleuten angekommen stellten wir fest, dass unser Zimmer von einem russischen Feldwebel, wie wir später feststellten, belegt war. Auch waren zwei weitere Soldaten im Haus untergekommen. Meine Mutter und ich schliefen auf dem Dachboden. Ich habe am nächsten Tag auf dem Dorfplatz vor dem Bauernhaus gespielt und fand einen Säbel, der mir gefiel und den ich mit auf den Hof nahm, als mich der russische Feldwebel sah. Er nahm mir den Säbel ab mit den Worten „nix gudd, Kinder", versuchte den Säbel zu verbiegen und warf ihn in die dortige Jauchegrube. Aber er gab mir dafür eine Peitsche, eine neunschwänzige Katze. Nach zwei weiteren Tagen verließen die Soldaten den Bauernhof. Der

Feldwebel hatte nur mein kleineres Bett benutzt.

Wieder vergingen ein paar Tage, als es hieß, dass in Ketzin sich ein großes Lebensmitteldepot der Wehrmacht befinden würde. Die Sowjets würden dort Kisten mit Ölsardinen verteilen. Obgleich wir, meine Mutter und mein Großonkel das nicht glauben mochten, machten wir uns auf den Weg nach Ketzin, etwa knapp drei Kilometer. Ich hatte einen alten Damenfahrradrahmen und auch Felgen mit Speichen auf der Straße gefunden, die ich mit primitiven

Schrauben zusammenschraubte. Schieben konnte man dieses „Fahrrad" ohne Reifen, aber mit Gepäckständer. Auf der Straße in Knoblauch konnte man allerlei finden. Wir gelangten tatsächlich auch an dieses Depot und oh Wunder, wir erhielten insgesamt, meine Mutter und ich, drei Kisten mit je hundert Büchsen portugiesischen Ölsardinen geschenkt. Das Depot war wohl erst nach zwei weiteren Tagen leergeräumt.

Warum die Russen diese Lebensmittel verschenkten, haben

wir nie mitbekommen. War es Gutmütigkeit oder hielten sie die Ölsardinen für vergiftet? Uns nämlich, meiner Mutter, mir und später meinem Vater haben die Ölsardinen drei Jahre lang die größte Hungerzeit zu überstehen geholfen. Wir gingen damit sehr sparsam um. Bergemann und Damaschke erwähnen in ihrem Bericht "Ketzin 1945" Seite 19 diese Ölsardinen, die nicht nur die Ketziner erhielten, sondern auch Leute wie wir aus weiter entfernten Dörfern. Die Verteilung der Ölsardinen an die deutsche Bevölkerung hatte sich schnell herumgesprochen. Die von Bergemann und Damaschke erwähnten erheblichen sexuellen Gewalttaten an Frauen in Ketzin (Seite 15) waren uns nicht bekannt geworden. Man ging in Knoblauch damals möglicher Weise davon aus, dass es sie so nicht gab oder sie nicht so groß waren.

Überhaupt herrschte westlich von Berlin bis hin zur Elbe manchen Ortes die Meinung, dass Vergewaltigungen von Frauen in diesen Gebieten weit aus weniger oder kaum stattgefunden hätten. Ich bin jedenfalls nach der

Wiedervereinigung im Saarland auf Redner aus dem Gebiet der westlichen DDR gestoßen, die von der Friedfertigkeit russischer Soldaten in verschiedenen Vorträgen berichteten.

Gewaltexzesse von Soldaten der russischen Armee an deutschen Frauen überhaupt an Deutschen sind dagegen auf dem Siegeszug von der Reichsgrenze bis zum Endkampf in Berlin von vielen Historikern und Zeitzeugen, auch von sowjetischen Offizieren wie Lew Kopelew und Alexander Solschenizin geschildert worden.

Der Rachedurst war eben sehr groß. Die Untaten von deutscher Seite waren aber ebenfalls sehr groß. Für Hitler war der Krieg ein Weltanschauungs- und Rassekrieg, deshalb forderte er die Ausmerzung des russischen Volkes, Russen waren für ihn eine minderwertige Rasse. In der Ausstellung "Das Sowjetparadies" in Berlin 1942 wurde das Leben in der Sowjetunion als äußerst primitiv dargestellt. Mit dieser Ausstellung wollte die deutsche Propaganda wohl den Angriff auf Russland rechtfertigen, in dem sie gemäß WIKIPEDIA ein völlig verfälschtes und entwürdigendes Bild vom damaligen Russland zeigte. Ich hatte diese Ausstellung als 8jähriger mit einem Onkel besucht; denn meine Mutter und ich waren gerade zu dieser Zeit kurzfristig von Westpreussen nach Berlin gekommen.

Auch von Einzelfällen, in denen russische Soldaten und Armeeärzte und - ärztinnen menschlich sehr großzügig handelten, wird in den geschichtlichen Darstellungen gesprochen. Erwähnenswert ist die Tatsache, dass in Paretz Nähe Ketzin ein Lazarett eingerichtet war, in dem sowohl deutsche als auch russische Verletzte von deutschem und russischem Pflegepersonal und deutschen Ärzten versorgt wurden (Bergemann und Damaschke Seite 27). Damit will ich darauf hinweisen, dass die Erlebnisse von meiner Mutter, der kurzzeitigen Lehrerin in Knoblauch und mir keinesfalls so ganz außergewöhnlich waren.

Bald danach machten wir uns auf den Weg nach Berlin. Ob unsere Wohnung in der Gitschiner Straße noch vorhanden war, wussten wir nicht. Es wurde erzählt, dass in

Röthehof Güterzüge mit Beutegut der Sowjetarmee halten würden und Menschen bis Berlin mitgenommen werden könnten. Meine Mutter und ich, wir schlossen uns einer kleinen Gruppe von Leuten an, die sich auf den Weg nach Röthehof machten. Auf einer Straße in der Nähe von Vorketzin hielten zwei beherzte ältere Männer einen sowjetischen Militärlastwagen an und fragten die Soldaten, ob sie uns mitfahren ließen und dieses Fahrzeug nahm uns alle tatsächlich bis in die Nähe von Röthehof mit. Die russischen Soldaten halfen den beiden Frauen auf den Lastwagen zu klettern, ohne dass es irgendwie zu Handgreiflichkeiten kam. Es gab also, oh Wunder, keine Schwierigkeiten mit den Sowjetsoldaten. Die letzte Strecke zum Bahnhofhaltepunkt in Röthehof gingen wir zu Fuß und irgendwann kam ein Güterzug – lauter flache Güterwagen – beladen mit demontierten Eisenbahnschienen, der anhielt und uns und andere mitnahm. Wirklich hielt er auch im teils zerstörten Schlesischen Bahnhof (heute Ost-Bahnhof) an. Wir konnten heruntersteigen.

Meine Mutter und ich gingen zu Fuß zu unserer Wohnung durch das sehr stark zerstörte Berlin. In der Gitschiner Straße fanden wir, kaum glaublich, unsere Wohnung. Sie existierte noch. Sie war aber belegt. In der Gitschiner Straße standen die Häuser von der Brandenburgstraße, heute Lobeckstraße, bis zur Alexandrinenstraße. Andere Teile der Gitschiner Straße, die Prinzenstraße und die Gebiete über den Moritzplatz und weit darüber hinaus wie das gesamte Zentrum, waren durch den Luftangriff vom 3. Februar 1945 stark beschädigt beziehungsweise völlig zerstört worden.

Mit den Bewohnern unserer Wohnung wurde vereinbart, dass sie diese freigeben würden, sobald sie eine Bleibe finden würden, die sie auch tatsächlich bald fanden. Wir jedenfalls suchten die Tante meiner Mutter in der Heinrich-Roller-Straße nördlich des Königstors auf. Soweit ich mich erinnere, fuhren auch schon Doppelstockbusse auf einigen Linien. Jedenfalls blieben wir zwei Tage bei der Tante und machten uns dann auf den Weg zurück nach

Knoblauch. Wir liefen bis Knie, einem Platz in Charlottenburg, der heute Ernst-Reuter-Platz heißt und konnten von Knie bis Ruhleben mit der U-Bahn fahren. Es war die erste U-Bahnstrecke in Berlin, die nach dem Kriegsende wieder hergestellt worden war. Es war der kurzzeitige Stadtkommandant General Bersarin, der versuchte, für eine schnelle Ordnung zu sorgen, der aber sehr bald Opfer eines Verkehrsunfalls wurde und starb. Ob er umgebracht wurde, weil er als zu deutschfreundlich galt, ist wohl nicht geklärt worden.

Von Ruhleben machten wir uns zu Fuß auf den Weg über Spandau, Wustermark nach Knoblauch, etwa 45 km. Bemerkenswert waren schon aufgestellte Schilder mit Aufschriften wie „Die Hitler kommen und gehen, aber das deutsche Volk bleibt, J. W. Stalin". Diesen Spruch hatte Stalin bereits 1942 von sich gegeben (N.M. Naimark, Die Russen in Deutschland, Seite 100), in den folgenden Kriegsjahren aber nicht mehr verwendet, jedoch 1945 wieder für passend gehalten. Wir kamen an einer Kaserne in Döberitz vorbei belegt mit russischen

Soldaten. Ein Soldat sprach uns an, fragte „krank" und ließ uns weitergehen oder besser gesagt, wanken, denn wir waren sehr müde. Abends kamen wir in Knoblauch an.

Bald darauf sind wir dann wieder mit einem Güterzug, dem Personenwagen bereits angehängt waren, von Wustermark zum Schlesischen Bahnhof nach Berlin gefahren. Im Abteil saß ein russischer Soldat, der wiederum gebrochen Deutsch sprach. Er sei in deutscher Kriegsgefangenschaft gewesen, sagte er und gehöre jetzt erneut der Roten Armee an. Wie weit das stimmt, wissen wir nicht. Tatsächlich hielt der Zug auch wieder auf dem Schlesischen Bahnhof und wir konnten aussteigen.

In unsere Wohnung in der Gitschiner Straße konnte wir wieder einziehen, nachdem wir ein paar Tage mit den eingewiesenen Mietern zusammen in der kleinen Wohnung gelebt hatten. Die anderen Mieter fanden eine andere Unterkunft und zogen aus. Wir lebten in den nächsten Wochen mehr schlecht als recht, aber wir lebten. Da trat in Berlin eine

Diphterieepidemie zum Teil in Verbindung mit Scharlach auf und prompt erkrankte meine Mutter daran. Ich steckte mich erstaunlicherweise nicht an. Ich brachte sie in ein provisorisches Krankenhaus in der Bergmannstraße, von dort wurde sie bald in das weitgehend intakte Urbankrankenhaus verlegt und überlebte.

Nachdem ich sie in die Bergmannstraße gebracht hatte, fuhr ich mit der U-Bahn vom Gardepionierplatz – heute Südstern – soweit es ging nordwärts, wohl bis zum Alexanderplatz – und lief laut weinend, weil ich mich so allein gelassen fühlte den Platz am Königstor passierend, zur Heinrich-Roller-Straße, wo ich wusste, dass meine Tante wohnte. Vom Alexanderplatz bis zum Königstor waren alle oder fast alle Gebäude auch völlig zerstört oder stark beschädigt. Vom Königstor Richtung Norden an, also die Greifswalder Straße und überhaupt das Gebiet des Bezirks Prenzlauer Berg war ganz erheblich weniger bombardiert beziehungsweise kriegsbeschädigt.

Wenn auch sehr traurig über die Krankheit meiner Mutter freundete ich mich bei meiner Tante mit einem etwas älteren Jungen an. Der erzählte mir, dass es in einem primitiv eingerichteten Laden in den Ruinen des Hertiegebäudes am Alexanderplatz unter anderem Rasierapparate mit zehn Klingen in einer Bakelitkassette für 4,50 Reichsmark geben würde. Die könnte man für Tauschgeschäfte gebrauchen. Tatsächlich konnte ich solch einen Rasierapparat mit Klingen kaufen.

Bald darauf empfahl mir mein neuer Freund mit ihm nach Weißensee zu fahren. Dort würden vor einem Lokal am Weißensee russische Lastwagen mit Soldaten halten. Interessant sei sich dort kurz aufzuhalten. Da die Straßenbahn bereits vom Königstor die Greifswalder Straße entlang bis zum Weißensee fuhr, machte ich mich auf und fuhr hin. Ich nahm meine Rasierklingen und den Rasierapparat in dem Gedanken, man kann ja nie wissen, mit. Am Weißensee standen tatsächlich vor einem Lokal -wohl nur für russisches Militär geöffnet - eine größere Anzahl sowjetischer Lastwagen amerikanischer Herkunft. Diese hier zeichneten sich dadurch aus keine Türen zu haben, sondern eine Art unten ovaler Einstiege. Vor so einem Lastwagen sah ich einen etwa 14- bis 15-jährigen Jungen, der in das Führerhaus solch eines Lastwagens hineinschaute und offensichtlich darin herumkramte. Obgleich russische Soldaten ihn mehrfach wegjagten, ging er immer wieder hin. Da zog einer der Soldaten, es schien ein Unteroffizier zu sein, seine Pistole und richtete sie offensichtlich auf den Jungen. Wir herumstehende Kinder glaubten, dass der Soldat diesen Jungen erschießen würde. Aber der Soldat schoss nur in die Luft. Der Erfolg war jedoch der, dass der Junge davon stolperte.

Ich blieb noch ein Weilchen da stehen und beobachtete die Szene weiter recht interessiert. Als wieder, wie öfter ein offener Pkw mit russischen Offizieren ankam, es war ein deutscher „Horch", der bei den Offizieren offensichtlich sehr beliebt war, und anhielt, nahm ich mir ein Herz und ging auf das Auto zu. Ich hielt meine Bakelitschachtel mit dem Rasierapparat und den Rasierklingen den Soldaten hin. Tatsächlich nahm einer der Offiziere meine Schachtel entgegen, öffnete sie und entnahm die Rasierklingen. Den Rest reichte er mir wieder zurück. Danach griff er in seine Brieftasche, nahm 50 alliierte Mark und gab sie mir. Es muss bemerkt werden, dass zu der Zeit die Alliierten eine eigene Währung herausgegeben hatten, die mehr wert war als unsere Reichsmark. Erstaunt und erfreut nahm ich das Geld entgegen und fuhr nahezu sofort zu meiner Tante in die Heinrich-Roller-Straße zurück.

Einige Tage später ging ich die Greifswalder Straße entlang nicht sehr weit vom Märchenbrunnen im Friedrichshain, als vor mir ein russischer Lastwagen hielt, beladen mit einer weißen Masse. Ein hinten aufsitzender sowjetischer Soldat rief mich heran und forderte mich auf, ihm meine Mütze zu geben. Obgleich es warm war, trug ich eine Skimütze. Ich gab sie ihm und er füllte sie mit der weißen Masse. Es war Zucker, etwa eineinhalb Kilo. Nach mir kamen dann mehrere

Menschen an das Fahrzeug heran und nahmen hocherfreut Zucker entgegen. Den Zucker brachte ich wiederum zu meiner Tante. Ein ähnliches Erlebnis hatte ich einige Tage später in der Prenzlauer Allee.

Meine Mutter wurde bald wieder gesund und ich konnte mit ihr in unsere Wohnung zurückkehren. Wir lebten wie es die Nachkriegszustände erlaubten recht und schlecht. Etwa im Mai 1946 erzählte mir ein befreundeter Junge aus meiner Straße, dass die Sowjetarmee Ferienlager um Berlin eingerichtet hätte, in denen für 20

Reichsmark und ohne Lebensmittelmarken Mädchen und Jungen bis zum 21. Lebensjahr 14 Tage ihre Schulferien verbringen könnten. Teilnehmen dürften junge Menschen aus ganz Berlin, also sowohl aus Ost- als auch Westberlin. Das Büro, indem man sich bewerben konnte, befand sich in der Kronenstraße Ecke Friedrichstraße, ganz dicht an der Sektorengrenze. Nach kurzer Rücksprache mit meiner Mutter durfte ich mich anmelden. Die Ferienlager waren zum Beispiel in Pätz, Prieros und Biesenthal, immer an irgendwelchen Seen. Ich nahm

1946 an einem Ferienlager in Pätz teil. Es gefiel mir sehr gut. Das Essen war völlig ausreichend und ordentlich, was für die damalige Zeit sehr wichtig war. Von Angehörigen der Sowjetarmee wurde über bekannte russische Schriftsteller wie Dostojewski und Tolstoi gesprochen. Ein Film ist mir in Erinnerung geblieben, nämlich „Kinder um Ludwig Renn" oder ähnlich, der in meinem Ferienlager in Biesenthal ein Jahr später gedreht wurde, wobei eine Reihe Kinder mitspielten, so auch ich. In diesem zweiten Ferienlager ,

an dem ich 1947 erneut teilnahm,
war es wieder schön.

Im zweiten Ferienlager wurde
neben diesem Film, der gedreht
wurde, auch von einem Offizier der
Roten Armee ein Vortrag über
seinen Vater, überhaupt über seine
Familie, die in Heidelberg vor den
Nationalsozialisten hätte fliehen
müssen, gehalten. Ich verstand
eigentlich gar nichts. Rote Armee
und Heidelberg, auch Stuttgart
erwähnte er oft, er sprach auch von
seinem Vater, der dort Arzt
gewesen sein soll. Erst viel später
sagte mir sein Name Wolf etwas,

nämlich als Name des zweiten Mannes im Staatssicherheitsdienst der DDR. Hatte dieser Mann den Vortrag gehalten?

Das Ferienlager in Biesenthal ging genauso zu Ende, wie das seinerzeit in Pätz. Es hatte mir wieder gut gefallen. Doch langsam änderte sich das Verhältnis von Westberlin zu Ostberlin. Die politischen Beziehungen wurden unfreundlich und wandelten sich. 1948 kam es zur Blockade. Mit der Luftbrücke eroberten die Amerikaner dann die Herzen der Bevölkerung von Westberlin.

Für erwähnenswert halte ich noch die Geschichte meiner Großmutter Emilie Giese.

Sie war zu der Zeit 65 Jahre alt, aber stark vorgealtert. Nach dieser Begebenheit, die sie häufig erzählte, hätten russische Soldaten ihr offensichtlich das Leben gerettet.

Meine Großmutter lebte mit ihrem Ehemann, meinem Großvater Wilhelm in Briesen in Westpreußen, einer kleinen Stadt etwa 120 Kilometer südlich von Danzig. Als die Sowjetarmee sich der Stadt näherte und alles flüchtete, beharrte mein Großvater darauf zusammen mit seiner Ehefrau in Briesen zu bleiben. Als die Rote Armee diese kleine Stadt eingenommen hatte, erkrankte mein Großvater und musste im Bett bleiben. Kurz darauf erschienen drei junge Polen, beschimpften und beleidigten Großvater und erwürgten ihn im Bett liegend. Großmutter wurde festgehalten und musste alles mitansehen. Dann konnte sie sich losreißen und lief weg. Verfolgt wurde sie offenbar nicht.

Sie erreichte die Scheune eines geflüchteten Bauern und hielt sich dort etwa einen Tag auf. Draußen war es bitterkalt. Dann traute sie sich wieder in ihr Haus. Ein Mieter in ihrem Haus, der auch während der deutschen Zeit Pole geblieben war, stellte in der Tischlerwerkstatt meines Großvaters einen Sarg her. Oma machte aus Bettlaken die Innenausstattung und mit einem Handwagen fuhren beide den Leichnam auf den Friedhof. Dort machten sie mit Spaten und Hacke eine primitive Grube, denn der Boden war gefroren, und begruben meinen Großvater. Ganz kurz danach erschienen Sowjetsoldaten und nahmen meine Großmutter mit.

Sie gaben zu verstehen, dass sie in eine Art "Schutzlager" kommen würde, um vor der Rache der Polen geschützt zu sein. Briesen war wieder polnisch geworden. So war es tatsächlich. In diesem Lager waren eine größere Zahl vor allem ältere Deutsche, die dort einfach aber ausreichend ernährt wurden und einen Schlafplatz hatten, aber auch arbeiten mussten. Sie waren kurz gesagt geschützt. Das Lager sollten sie nicht verlassen. Nach zwei Jahren wurde Großmutter in die Ostzone per Bahn geschickt und kam nach Berlin. Da sich unsere Adresse nicht geändert hatte, fand sie uns auch und blieb eine gewisse Zeit bei uns.

Diese Episode habe ich geschildert, um auf das mögliche sowjetische Schutzlager hinzuweisen. Von solchen Einrichtungen habe ich außer von meiner Großmutter nie etwas gehört. Dieses Lager oder was Oma dafür hielt, müsste sich entweder südlich von Danzig, etwa im Raum Graudenz, Briesen oder Thorn befunden haben. Es kann aber auch weiter weg gewesen sein. Meine Großmutter konnte nie angeben, wo dieses Schutzlager sich eigentlich befunden hätte, hat es aber immer erwähnt. Von Berlin ist meine Großmutter dann bald zu unserer Tante, ihrer anderen Tochter, nach Oldenburg übergesiedelt. Die Städte Graudenz, Thorn und Briesen, in deren Nähe sich das Lager befunden haben könnte, heißen heute Grudziadz, Torun und Wabrzezno.

Dr. jur. Dr. med. Lothar Hans Schreiber lebt in St. Wendel im Saarland. Er ist in West-Berlin aufgewachsen und studierte Rechtswissenschaft. Als examinierter Volljurist bekam er bei der Bundeswehr die Möglichkeit auch noch ein medizinisches Studium abzuschließen. Er ist Regierungsdirektor a.D. und Oberstabsarzt d.R. und hat als Lehrbeauftragter an 2 Technischen Universitäten auf dem Gebiet der Suchtmedizin Vorlesungen gehalten, sowie zahlreiche wissenschaftliche Abhandlungen veröffentlicht.

Neben seinen beruflichen Aufgaben befasste er sich intensiv mit der jüngsten Geschichte insbesondere mit Ereignissen des Kriegsendes und der Nachkriegszeit.

Er ist verheiratet, hat zwei erwachsene Söhne und 3 Enkel, die im Ausland leben.

St. Wendel

2020